Impressum
Verlag: BABADADA GmbH, Nedderfeld 112 , 22529 Hamburg
Geschäftsführer / Verlagsleitung: Harald Hof
Druck: Books on Demand GmbH, In de Tarpen 42, 22848 Norderstedt

Imprint
Publisher: BABADADA GmbH, Nedderfeld 112 , 22529 Hamburg, Germany
Managing Director / Publishing direction: Harald Hof
Print: Books on Demand GmbH, In de Tarpen 42, 22848 Norderstedt, Germany

la escuela
Szkoła

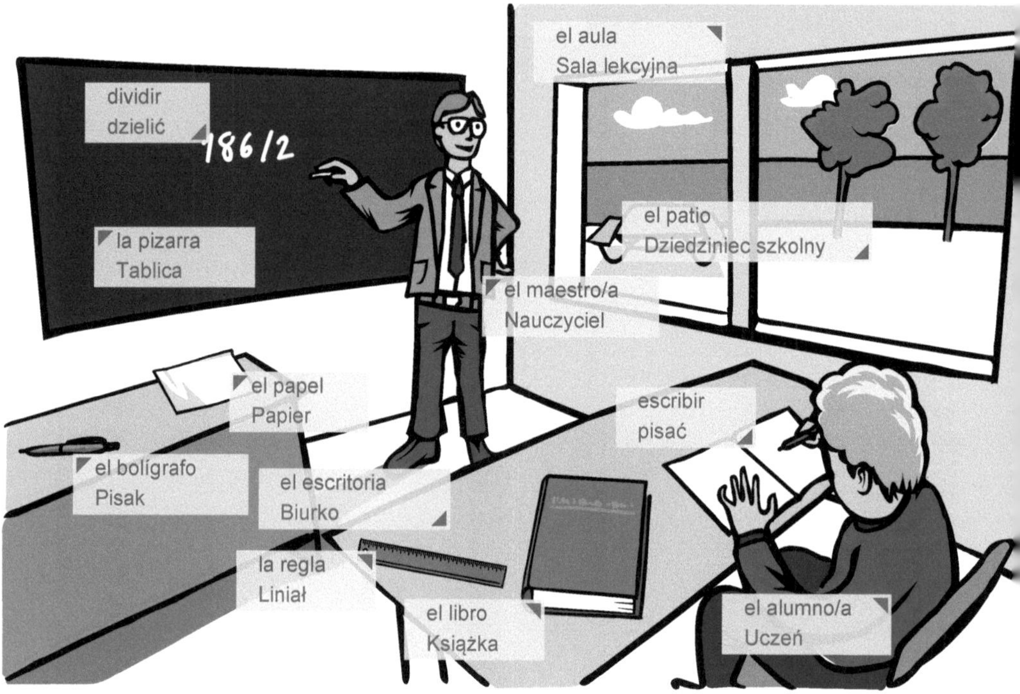
el aula
Sala lekcyjna
dividir
dzielić
186/2
la pizarra
Tablica
el patio
Dziedziniec szkolny
el maestro/a
Nauczyciel
el papel
Papier
escribir
pisać
el bolígrafo
Pisak
el escritoria
Biurko
la regla
Liniał
el libro
Książka
el alumno/a
Uczeń

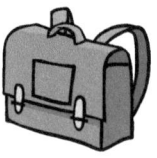

la cartera
Plecak szkolny

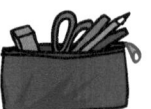

la caja de lápices
Piórnik

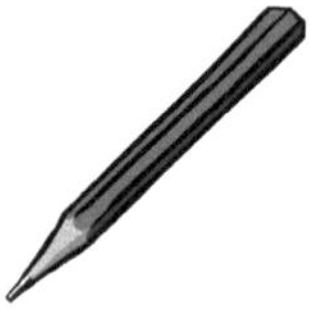

el lápiz
Ołówek

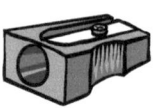

el sacapuntas
Temperówka

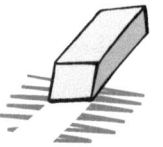

la goma de borrar
Gumka do mazania

el cuaderno de dibujo
Blok rysunkowy

el dibujo

Rysunek

el pincel

Pędzel

la caja de pinturas

Pudełko z akwarelami

las tijeras

Nożyce

el pegamento

Klej

el cuaderno de ejercicios

Książka do ćwiczenia

los deberes

Zadanie domowe

el número

Liczba

sumar

dodawać

restar

odejmować

multiplicar

mnożyć

calcular

liczyć

la letra

Litera

el alfabeto

Alfabet

la palabra

Słowo

el texto
Tekst

leer
czytać

la tiza
Kreda

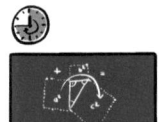

la lección
Godzina

el cuaderno de notas
Dziennik lekcyjny

el examen
Egzamin

el certificado
Świadectwo

el uniforme
Mundurek szkolny

la educación
Wykształcenie

la enciclopedia
Leksykon

la universidad
Uniwersytet

el microscopio
Mikroskop

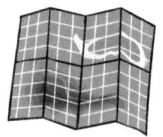

el mapa
Mapa

la papelera
Kosz na odpadki

el viaje
Podróż

el hotel
Hotel
Grand
el albergue
Schronisko
ROOMS
ficina de cambio de divisas
tor wymiany walut
la maleta
Walizka
el coche
Auto

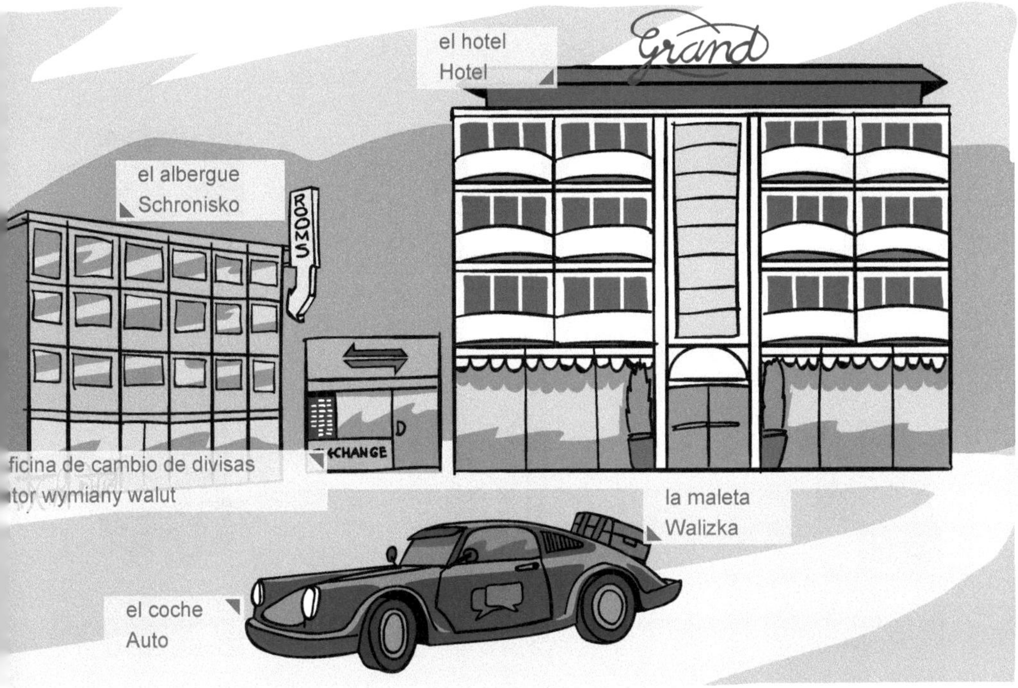

el idioma

Język

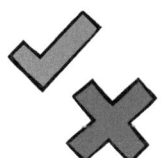

sí / no

tak / nie

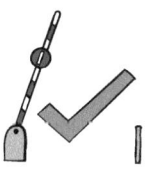

Vale

OK

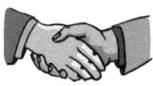

hola

Halo

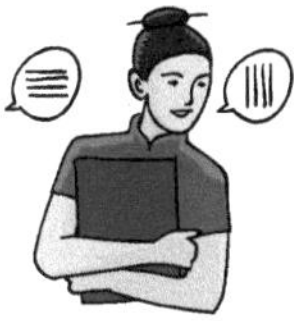

el traductor

Tłumacz

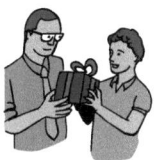

Gracias

Dziękuję

¿cuánto es...?

Ile kosztuje ...?

No entiendo

Nie rozumiem

el problema

Problem

¡Buenas tardes!

Dobry wieczór!

¡Buenos días!

Dzień dobry!

¡Buenas noches!

Dobranoc!

adiós

Do widzenia

la dirección

Kierunek

el equipaje

Bagaż

la bolsa

Torba

la mochila

Plecak

el invitado

Gość

la habitación

Pokój

el saco de dormir

Śpiwór

la tienda de campaña

Namiot

la información turística

Informacja turystyczna

la playa

Plaża

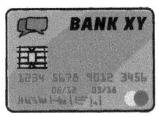

la tarjeta de crédito

Karta kredytowa

el desayuno

Śniadanie

el almuerzo

Obiad

la cena

Kolacja

el billete

Bilet

el ascensor

Winda

el sello

Znaczek na list

la frontera

Granica

la aduana

Cło

la embajada

Ambasada

la visa

Wiza

el pasaporte

Paszport

el transporte
Transport

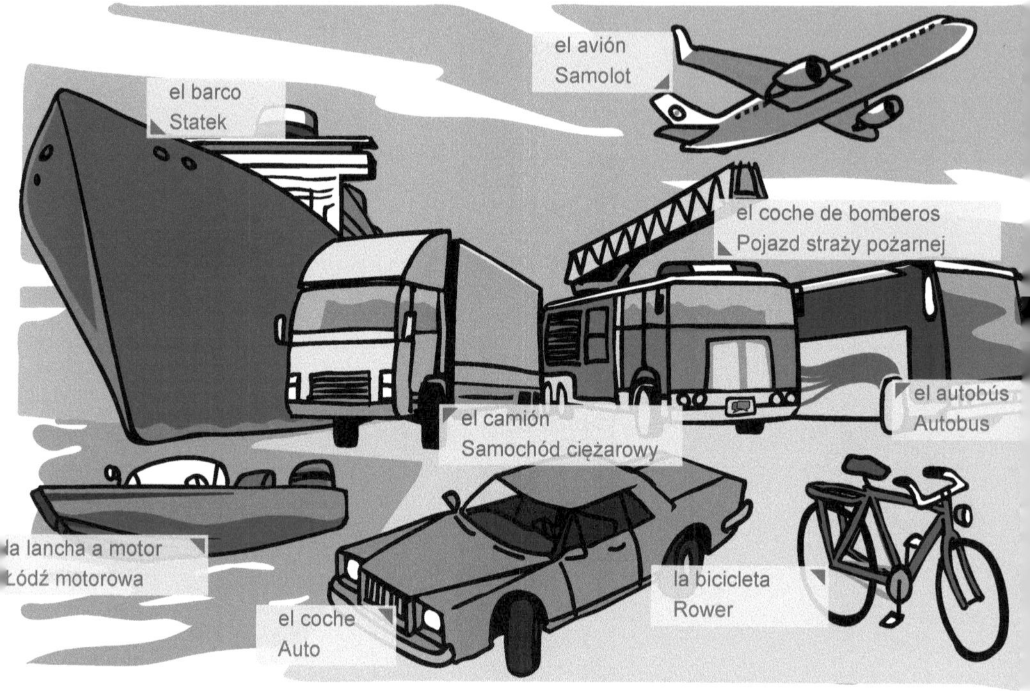
el avión
Samolot
el barco
Statek
el coche de bomberos
Pojazd straży pożarnej
el autobús
Autobus
el camión
Samochód ciężarowy
la lancha a motor
Łódź motorowa
la bicicleta
Rower
el coche
Auto

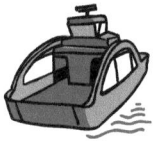

el transbordador

Prom

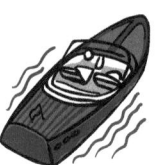

la barca

Łódź

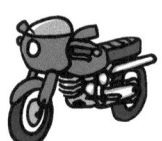

la moto

Motocykl

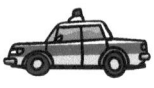

el coche de policía

Radiowóz policyjny

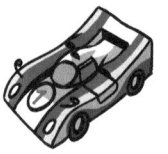

el coche de carreras

Samochód wyścigowy

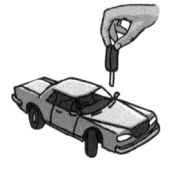

el coche de alquiler

Samochód wypożyczony

el préstamo de vehículos

Wspólne przejazdy
samochodem

la grúa

Samochód pomocy
drogowej

el camión de la basura

Śmieciarka

el motor

Silnik

la gasolina

Benzyna

la gasolinera

Stacja benzynowa

la señal de tráfico

Znak drogowy

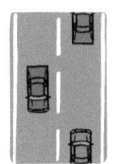

el tráfico

Ruch

el atasco

Korek

el aparcamiento

Parking

la estación de tren

Dworzec

las vías

Szyny

el tren

Pociąg

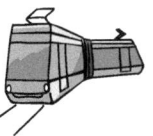

el tranvía

Tramwaj

el vagón

Wagon

el helicóptero
Helikopter

el aeropuerto
Lotnisko

la torre
Wieża

el pasajero
Pasażer

el contenedor
Kontener

la caja de cartón
Karton

la carretilla
Taczka

la cesta
Kosz

despegar / aterrizar
startować / lądować

la ciudad

Miasto

el pueblo
Wieś

el centro de la ciudad
Centrum miasta

la casa
Dom

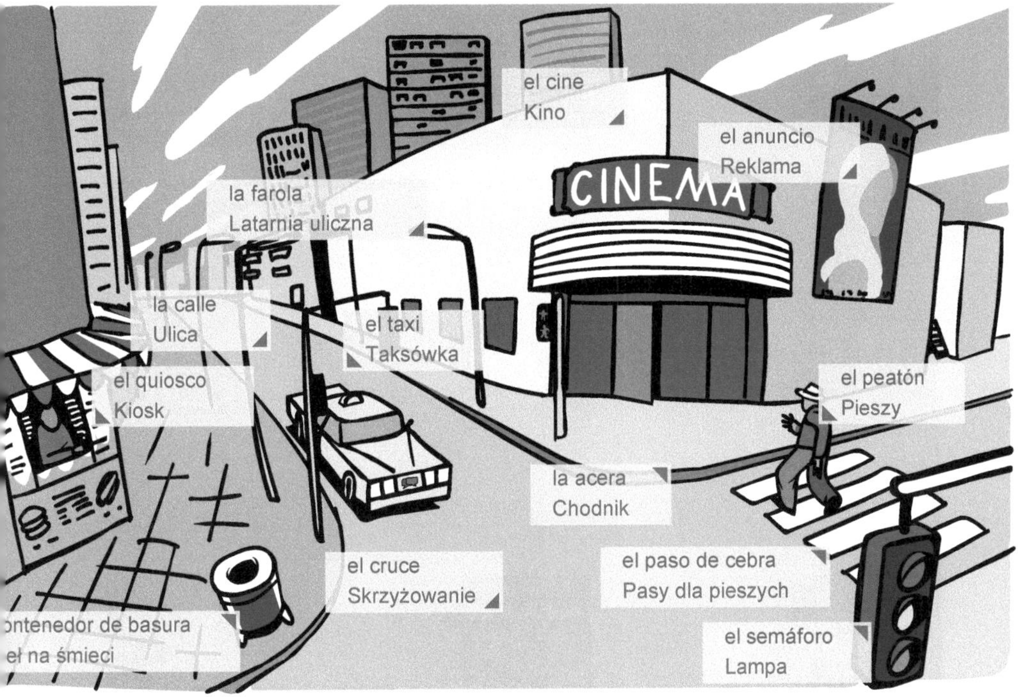

CINEMA
el cine
Kino
el anuncio
Reklama
la farola
Latarnia uliczna
la calle
Ulica
el taxi
Taksówka
el quiosco
Kiosk
el peatón
Pieszy
la acera
Chodnik
el cruce
Skrzyżowanie
el paso de cebra
Pasy dla pieszych
ontenedor de basura
eł na śmieci
el semáforo
Lampa

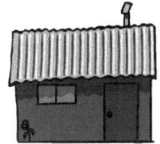

la cabaña

Chata

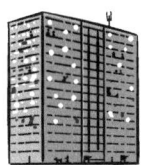

el apartamento

Mieszkanie

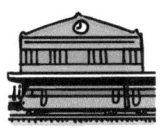

la estación de tren

Dworzec

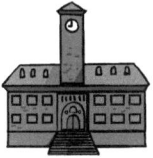

el ayuntamiento

Ratusz

MUSEUM

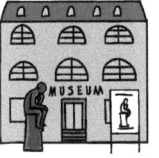

el museo

Muzeum

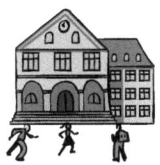

la escuela

Szkoła

la universidad

Uniwersytet

el banco

Bank

el hospital

Szpital

el hotel

Hotel

la farmacia

Apteka

la oficina

Biuro

la librería

Księgarnia

la tienda de campaña

Sklep

la floristería

Kwiaciarnia

el supermercado

Supermarket

el mercado

Rynek

los grandes almacenes

Dom towarowy

la pescadería

Sklep z rybami

el centro comercial

Centrum handlowe

el puerto

Port

la ciudad - Miasto

el parque

Park

el banco

Ławka

el puente

Most

las escaleras

Schody

el metro

Metro

el túnel

Tunel

la parada de autobús

Przystanek autobusowy

el bar

Bar

el restaurante

Restauracja

el buzón

Skrzynka na listy

el poste indicador

Tabliczka z nazwą ulicy

el parquímetro

Parkometr

el zoo

Zoo

la piscina

Łaźnia

la mezquita

Meczet

la granja

Gospodarstwo chłopskie

la contaminación

Zanieczyszczenie środowiska

el cementerio

Cmentarz

la iglesia

Kościół

el patio de juego

Plac zabaw

el templo

Świątynia

el paisaje
Krajobraz

la hoja
Liść

la señal
Drogowskaz

el camino
Droga

el prado
Łąka

la piedra
Kamień

el excursionista
Wędrowiec

el árbol
Drzewo

el río
Rzeka

la hierba
Trawa

la flor
Kwiat

el valle

Dolina

la colina

Góra

el lago

Jezioro

el bosque

Las

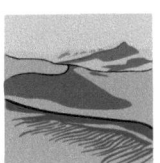

el desierto

Pustynia

el volcán

Wulkan

el castillo

Zamek

el arcoíris

Tęcza

el champiñón

Grzyb

la palmera

Palma

el mosquito

Komar

la mosca

Mucha

la hormiga

Mrówka

la abeja

Pszczoła

la araña

Pająk

el escarabajo

Chrząszcz

la rana

Żaba

la ardilla

Wiewiórka

el erizo

Jeż

la liebre

Zając

la lechuza

Sowa

el pájaro

Ptak

el cisne

Łabędź

el jabalí

Dzik

el ciervo

Jeleń

el alce

Łoś

la presa

Tama

la turbina eólica

Wiatrak

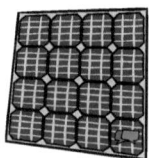

el panel solar

Moduł solarny

el clima

Klimat

el restaurante
Restauracja

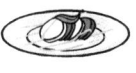

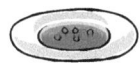

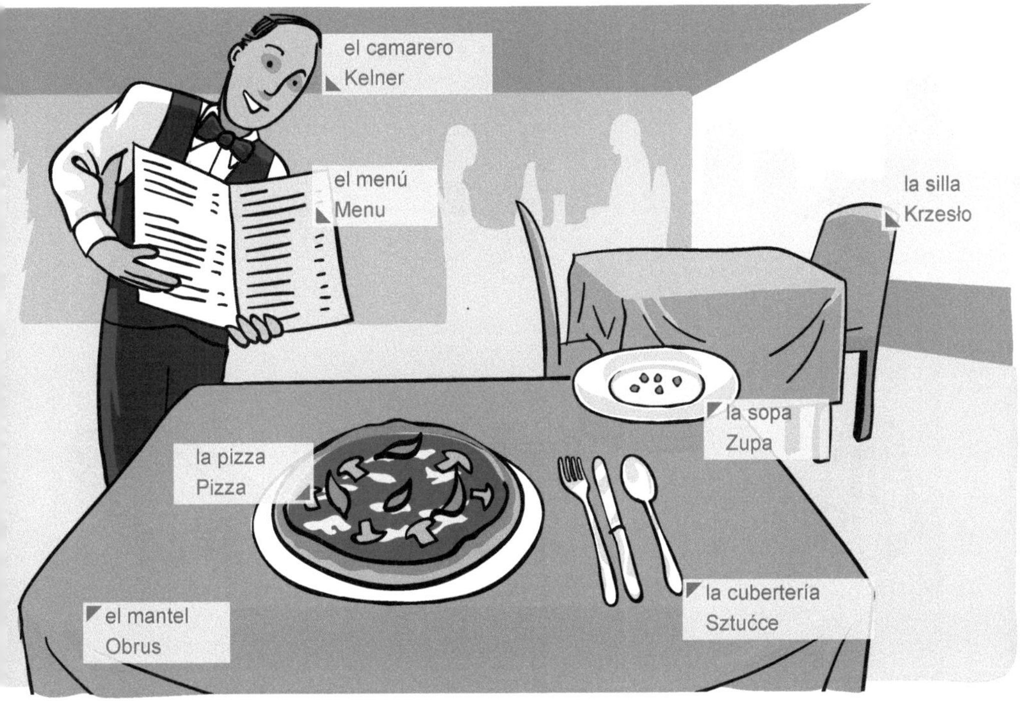

el camarero
Kelner
el menú
Menu
la silla
Krzesło
la sopa
Zupa
la pizza
Pizza
la cubertería
Sztućce
el mantel
Obrus

el primer plato
Przystawka

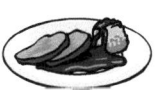

el plato principal
Danie główne

el postre
Deser

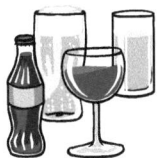

las bebidas
Napoje

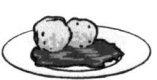

la comida
Jedzenie

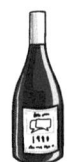

la botella
Butelka

la comida rápida

Fastfood

la comida callejera

Streetfood

la tetera

Dzbanek na herbatę

el azucarero

Cukierniczka

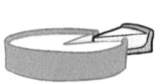

la porción

Porcja

la cafetera expreso

Zaparzarka do espresso

la trona

Krzesło dla dziecka

la cuenta

Rachunek

la bandeja

Taca

el cuchillo

Noż

el tenedor

Widelec

la cuchara

Łyżka

la cucharilla

Łyżeczka

la servilleta

Serwetka

el vaso

Szklanka

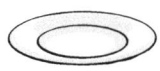

el plato

Talerz

el plato hondo

Talerz do zupy

el platillo

Podstawek pod filiżankę

la salsa

Sos

el salero

Solniczka

el molinillo de pimienta

Młynek do pieprzu

el vinagre

Ocet

el aceite

Olej

las especias

Przyprawy

el ketchup

Keczup

la mostaza

Musztarda

la mayonesa

Majonez

el supermercado
Supermarket

la oferta especial
Oferta
FOR
el cliente
Klient
los lácteos
Produkty mleczne
la fruta
Owoce
el carro de compra
Wózek sklepowy

BUTCHERS

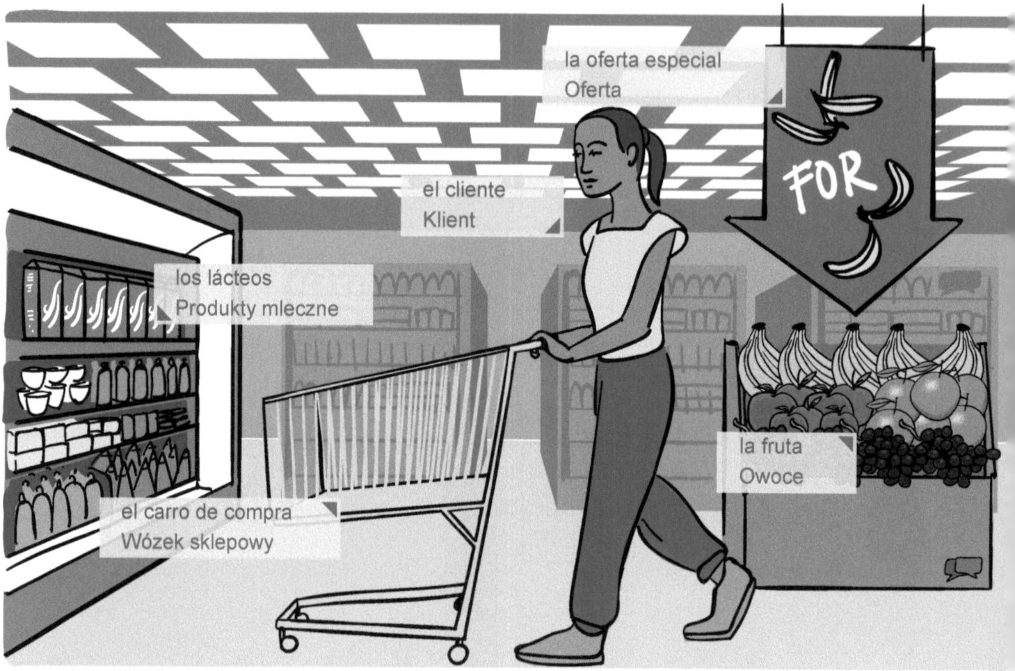

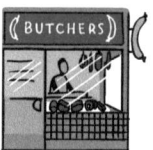

la carniceria

Rzeźnia

BAKERY

la panadería

Piekarnia

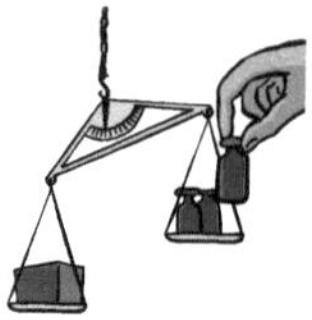

pesar

ważyć

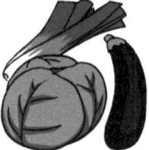

las verduras

Warzywa

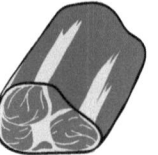

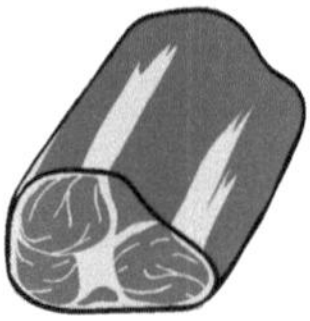

la carne

Mięso

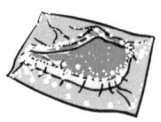

los alimentos congelados

Mrożonki

los fiambres

Wędliny

las conservas

Konserwy

el detergente en polvo

Proszek m do prania

los dulces

Słodycze

productos de uso doméstico

Artykuły użytku domowego

productos de limpieza

Środek czyszczący

la vendedora

Sprzedawczyni

la caja de cartón

Kasa

el cajero

Kasjer

la lista de la compra

Lista zakupów

el horario de atención al
público

Godziny otwarcia

la cartera

Portfel

la tarjeta de crédito

Karta kredytowa

la bolsa de plástico

Torba

la bolsa de plástico

Torebka plastikowa

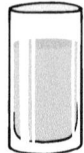

el agua

Woda

el zumo

Sok

la leche

Mleko

la cola

Cola

el vino

Wino

la cerveza

Piwo

el alcohol

Alkohol

el cacao

Kakao

el té

Herbata

el café

Kawa

el expreso

Espresso

el capuchino

Cappuccino

el plátano

Banan

la manzana

Jabłko

la naranja

Pomarańcza

el melón

Arbuz

el limón

Cytryna

la zanahoria

Marchew

el ajo

Czosnek

el bambú

Bambus

la cebolla

Cebula

el champiñón

Grzyb

las avellanas

Orzechy

los fideos

Makaron

las espagueti

Spaghetti

el arroz

Ryż

la ensalada

Sałatka

las patatas fritas

Frytki

las patatas fritas

Ziemniaki pieczone

la pizza

Pizza

la hamburguesa

Hamburger

el sándwich

Kanapka

el filete

Sznycel

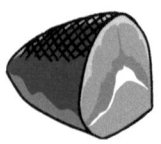

el jamón

Szynka

le salami

Salami

la salchicha

Kiełbasa

el pollo

Kura

el asado

Pieczeń

el pescado

Ryba

los copos de avena

Płatki owsiane

el muesli

Musli

los copos de maíz

Płatki kukurydziane

la harina

Mąka

el cruasán

Croissant

el panecillo

Bułka

el pan

Chleb

la tostada

Toast

las galletas

Ciastka

la mantequilla

Masło

la cuajada

Twarożek

el pastel

Ciasto

el huevo

Jajko

el huevo frito

Jajko sadzone

el queso

Ser

el helado

Lody

el azúcar

Cukier

la miel

Miód

la mermelada

Marmolada

la crema de turrón

Krem nugatowy

el curry

Curry

la granja
Gospodarstwo chłopskie

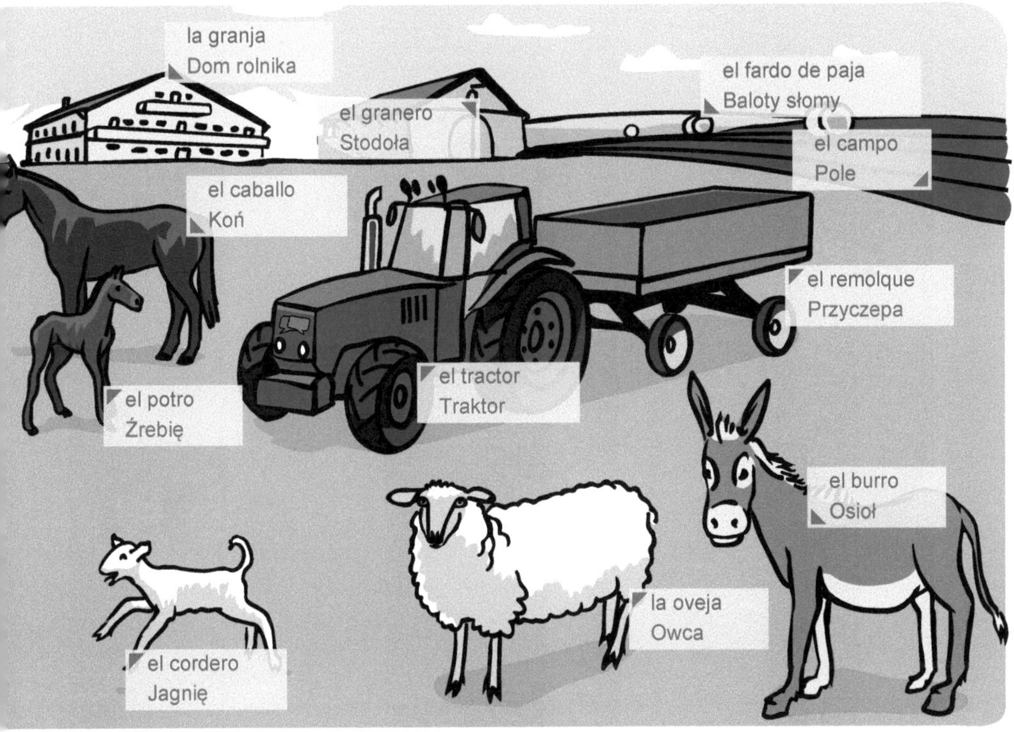
la granja
Dom rolnika
el granero
Stodoła
el fardo de paja
Baloty słomy
el campo
Pole
el caballo
Koń
el remolque
Przyczepa
el tractor
Traktor
el potro
Źrebię
el burro
Osioł
la oveja
Owca
el cordero
Jagnię

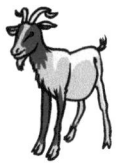

la cabra
Koza

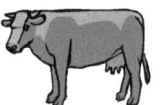

la vaca
Krowa

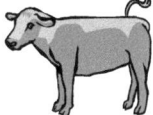

el ternero
Cielę

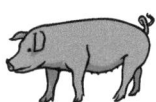

el cerdo
Świnia

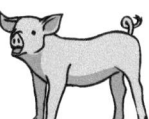

el cerdito
Prosię

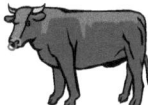

el toro
Byk

el ganso

Gęś

el pato

Kaczka

el pollo

Kurczątko

la gallina

Kura

el gallo

Kogut

la rata

Szczur

el gato

Kot

el ratón

Mysz

el buey

Osioł

el perro

Pies

la perrera

Buda dla psa

la manguera

Wąż ogrodowy

la regadera

Konewka

la guadaña

Kosa

el arado

Pług

la hoz

Sierp

la azada

Graca

la horca

Widły

el hacha

Siekiera

la carretilla

Taczka

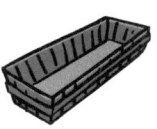

el abrevadero

Koryto

la lechera

Kanka na mleko

el saco

Worek

la valla

Płot

el establo

Stajnia

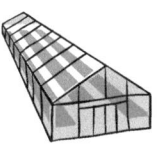

el invernadero

Szklarnia

el suelo

Ziemia

la semilla

Nasiona

el fertilizador

Nawóz

la cosechadora

Kombajn zbożowy

cosechar

zbierać

la cosecha

Żniwa

el ñame

Podchrzyn

el trigo

Pszenica

el soja

Soja

la patata

Ziemniak

el maíz

Kukurydza

la semilla de colza

Rzepak

el árbol frutal

Drzewo owocowe

la mandioca

Maniok

las cereales

Zboże

la casa
Dom

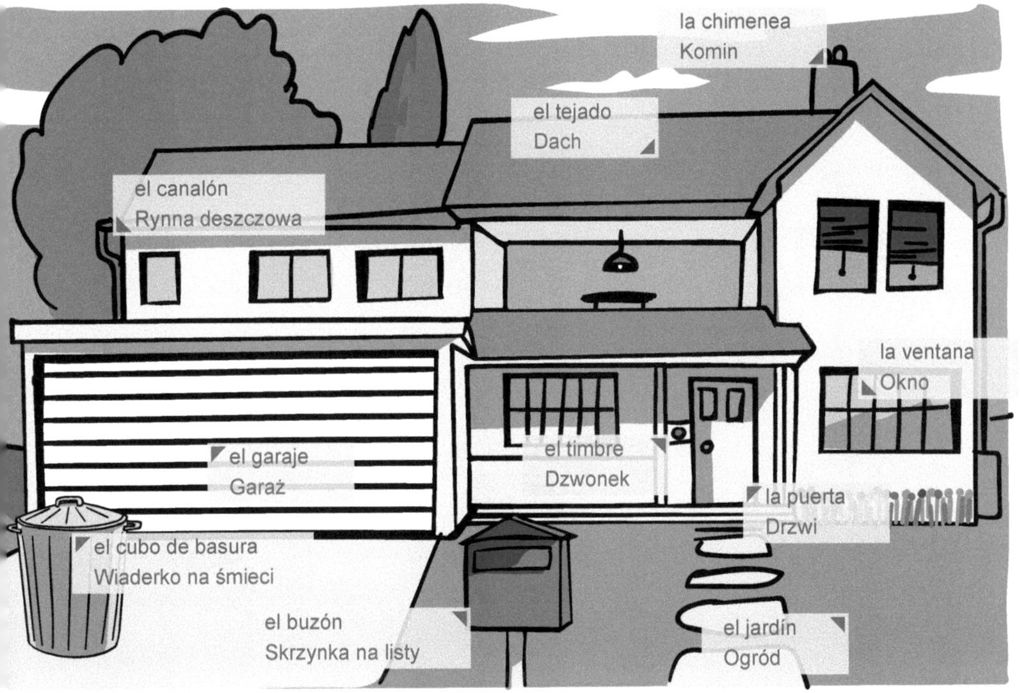

la chimenea
Komin
el tejado
Dach
el canalón
Rynna deszczowa
la ventana
Okno
el garaje
Garaż
el timbre
Dzwonek
la puerta
Drzwi
el cubo de basura
Wiaderko na śmieci
el buzón
Skrzynka na listy
el jardín
Ogród

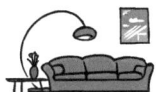

la sala

Pokój dzienny

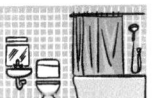

el cuarto de baño

Łazienka

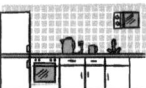

la cocina

Kuchnia

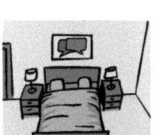

el dormitorio

Sypialnia

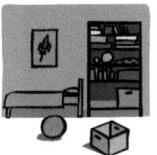

la habitación de los niños

Pokój dziecięcy

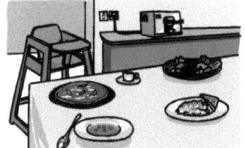

el comedor

Jadalnia

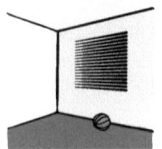

el suelo

Ziemia

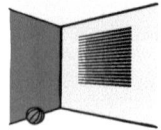

la pared

Ściana

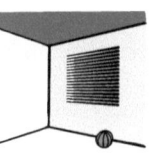

el techo

Koc

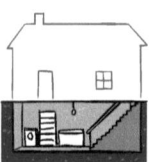

el sótano

Piwnica

la sauna

Sauna

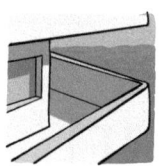

el balcón

Balkon

la terraza

Taras

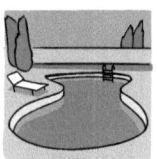

la piscina

Basen

el cortacésped

Kosiarka do trawy

la sábana

Poszwa

la colcha

Kołdra

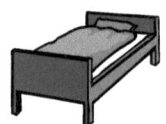

la cama

Łóżko

la escoba

Miotła

el balde

Wiadro

el interruptor

Włącznik

la sala
Pokój dzienny

el papel pintado
Tapeta
la imagen
Obraz
la lámpara
Lampa
el estante
Regał
el armario
Szafa
la televisión
Telewizor
la chimenea
Komin
la flor
Kwiat
el cojín
Poduszka
el sofá
Kanapa
el jarrón
Wazon
el mando a distancia
Pilot

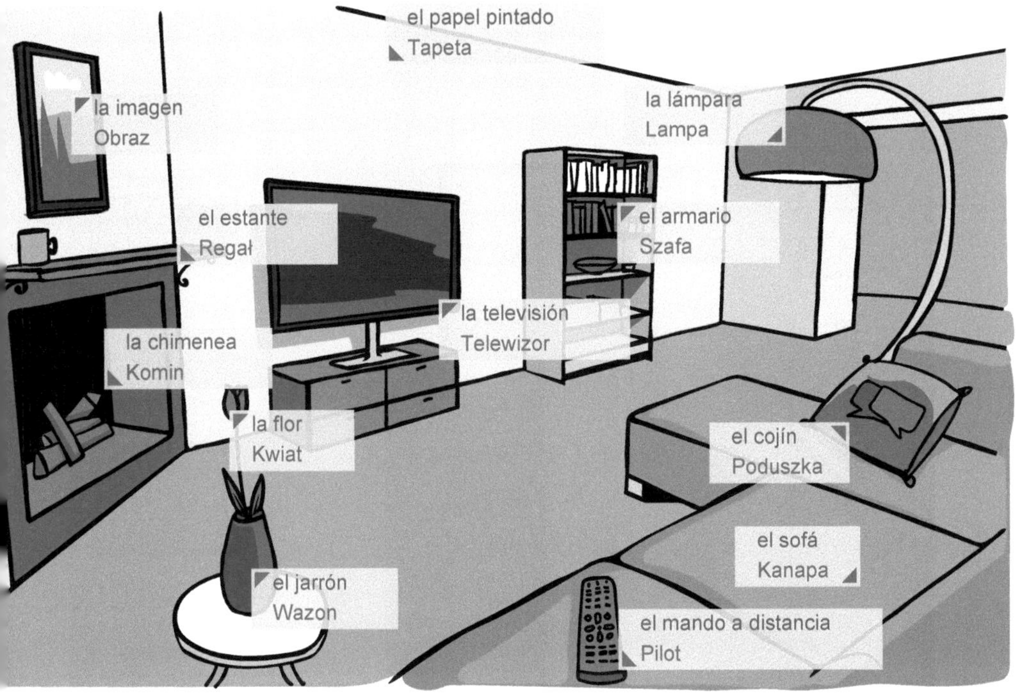

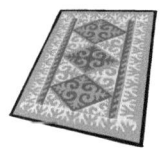

la alfombra

Dywan

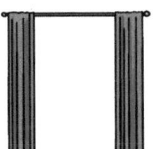

la cortina

Zasłona

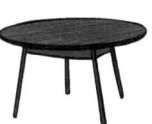

la mesa

Stół

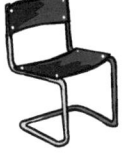

la silla

Krzesło

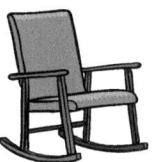

el mecedora

Bujak

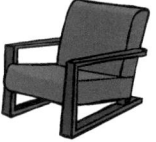

la butaca

Fotel

el libro

Książka

la manta

Sufit

la decoración

Dekoracja

la leña

Drewno kominkowe

la película

Film

el equipo de música

Instalacja stereo

la llave

Klucz

el periódico

Gazeta

la pintura

Malunek

el póster

Plakat

la radio

Radio

el cuaderno

Notatnik

la aspiradora

Odkurzacz

el cactus

Kaktus

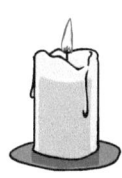

la vela

Świeczka

la cocina
Kuchnia

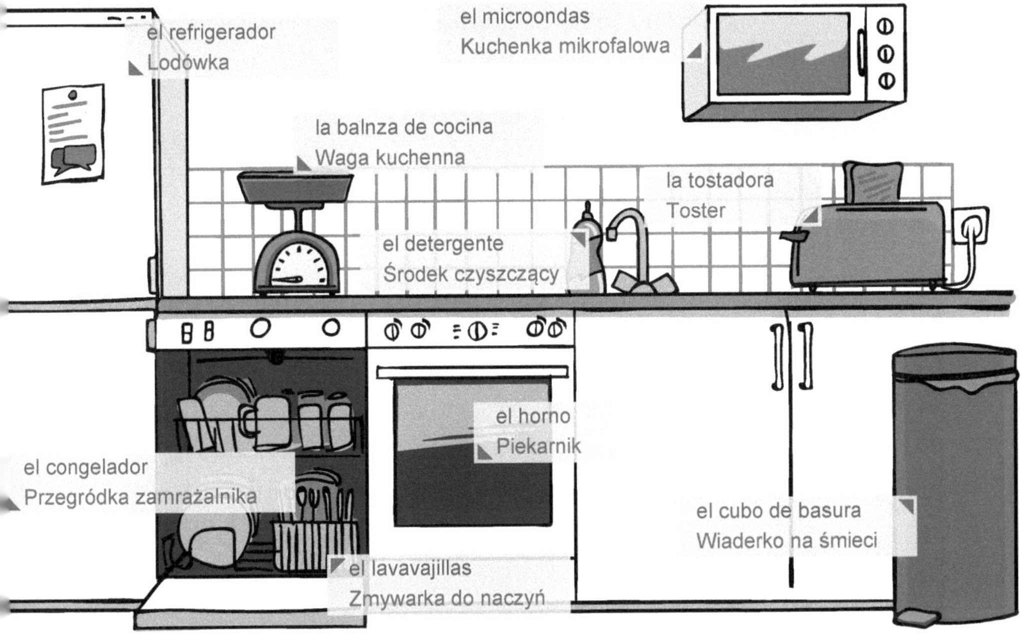
el refrigerador
Lodówka
el microondas
Kuchenka mikrofalowa
la balnza de cocina
Waga kuchenna
la tostadora
Toster
el detergente
Środek czyszczący
el horno
Piekarnik
el congelador
Przegródka zamrażalnika
el cubo de basura
Wiaderko na śmieci
el lavavajillas
Zmywarka do naczyń

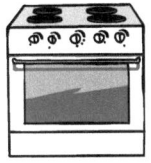

la olla a presión
....
Kuchenka

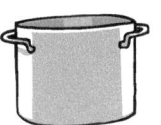

la olla
....
Garnek

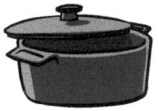

la olla de hierro fundido
....
Kocioł żeliwny

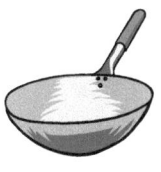

el wok
....
Wok / Kadai

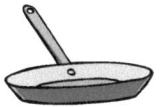

la cazuela
....
Patelnia

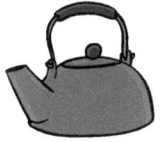

el hervidor
....
Czajnik

la vaporera

Parowar

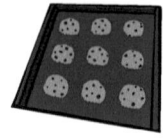

la chapa de horno

Blacha do pieczenia

la vajilla

Naczynia kuchenne

la taza

Kubek

el tazón

Miska

los palillos

Pałeczki

el cucharón

Nabierka

la espumadera

Łopatka do smażenia

el batidor

Trzepaczka do śmietany

el colador

Cedzak

el cedazo

Sitko

el rallador

Tarka

el mortero

Moździerz

la barbacoa

Grillowanie

la hoguera

Palenisko

la tabla de picar

Deska

el rodillo

Wałek do ciasta

el sacacorchos

Korkociąg

la lata

Puszka

el abrelatas

Otwieracz do puszek

el agarrador

Ściereczka do trzymania garnka

el lavabo

Umywalka

el cepillo

Szczotka

la esponja

Gąbka

la batidora

Mikser

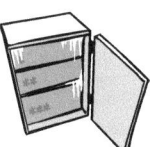

el congelador

Zamrażarka

el biberón

Butelka dla niemowlęcia

el grifo

Kran

el cuarto de baño
Łazienka

la calefacción
Ogrzewanie
la ducha
Prysznic
la toalla
Ręcznik
la cortina de la ducha
Kotara prysznicowa
el baño de espuma
Płyn do kąpieli
la bañera
Wanna kąpielowa
el vaso
Szklanka
la lavadora
Pralka
el grifo
Kran
las baldosas
Kafelki
el orinal
Nocnik
el lavabo
Umywalka

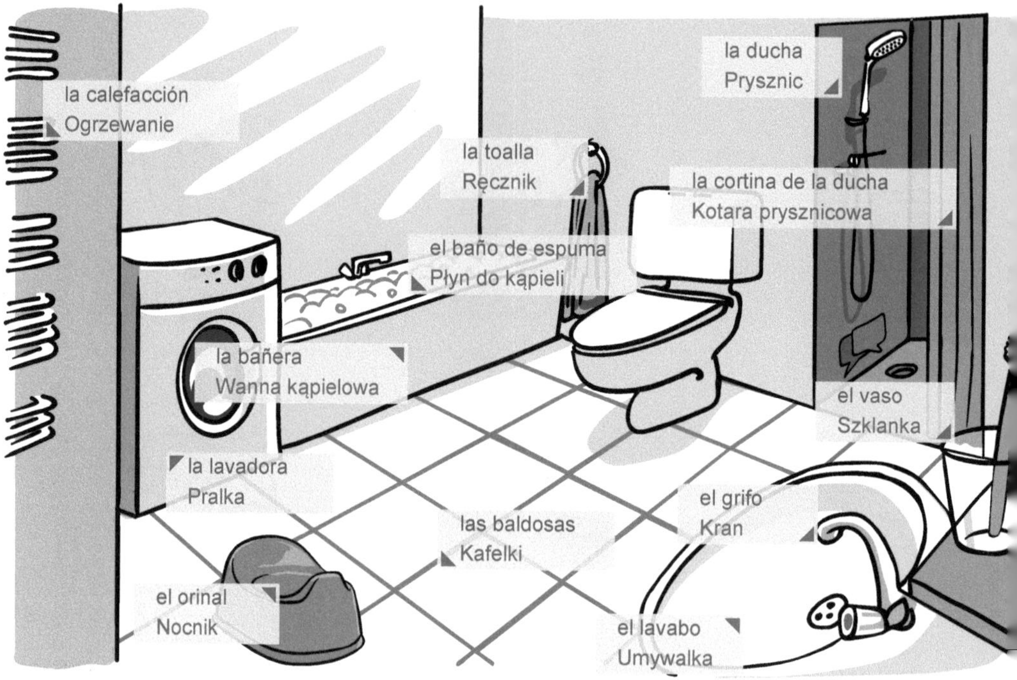

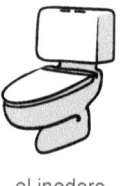

el inodoro
Toaleta

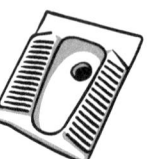

el inodoro rústico
Toaleta kuczna

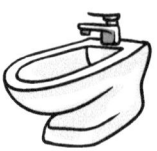

el bidé
Bidet

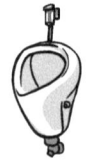

el urinario
Pisuar

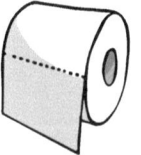

el papel higiénico
Papier toaletowy

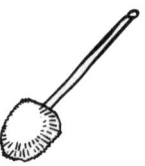

la escobilla del váter
Szczotka toaletowa

el cepillo de dientes

Szczoteczka do zębów

la pasta de dientes

Pasta do zębów

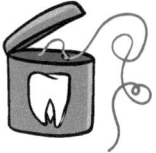

el hilo dental

Nitki do czyszczenia zębów

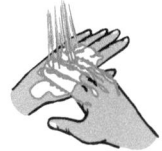

lavar

myć

la ducha de mano

Głowica prysznicowa

la ducha íntima

Płyn kąpielowy do higieny intymnej

la pila

Miska do mycia

el cepillo de espalda

Szczotka kąpielowa

el jabón

Mydło

el gel de ducha

Żel prysznicowy

el champú

Szampon

la toallita

Rękawica kąpielowa

el desagüe

Odpływ

la crema

Krem

el desodorante

Dezodorant

el espejo

Lustro

el espejo de tocador

Lustro kosmetyczne

la maquinilla de afeitar

Golarka

la espuma de afeitar

Pianka do golenia

la loción postafeitado

Woda po goleniu

el peine

Grzebień

el cepillo

Szczotka

el secador

Suszarka do włosów

la laca

Spray do włosów

el maquillaje

Makijaż

el pintalabios

Pomadka

el pintauñas

Lakier do paznokci

el algodón

Wata

el cortauñas

Nożyczki do paznokci

el perfume

Perfum

el estuche de viaje

Kosmetyczka

la banqueta

Taboret

la balanza

Waga

el albornoz

Szlafrok kąpielowy

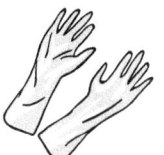

los guantes de goma

Rękawice gumowe

el tampón

Tampon

la compresa

Podpaska damska

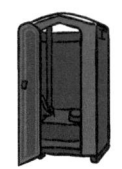

el inodoro químico

Toaleta chemiczna

la habitación de los niños
Pokój dziecięcy

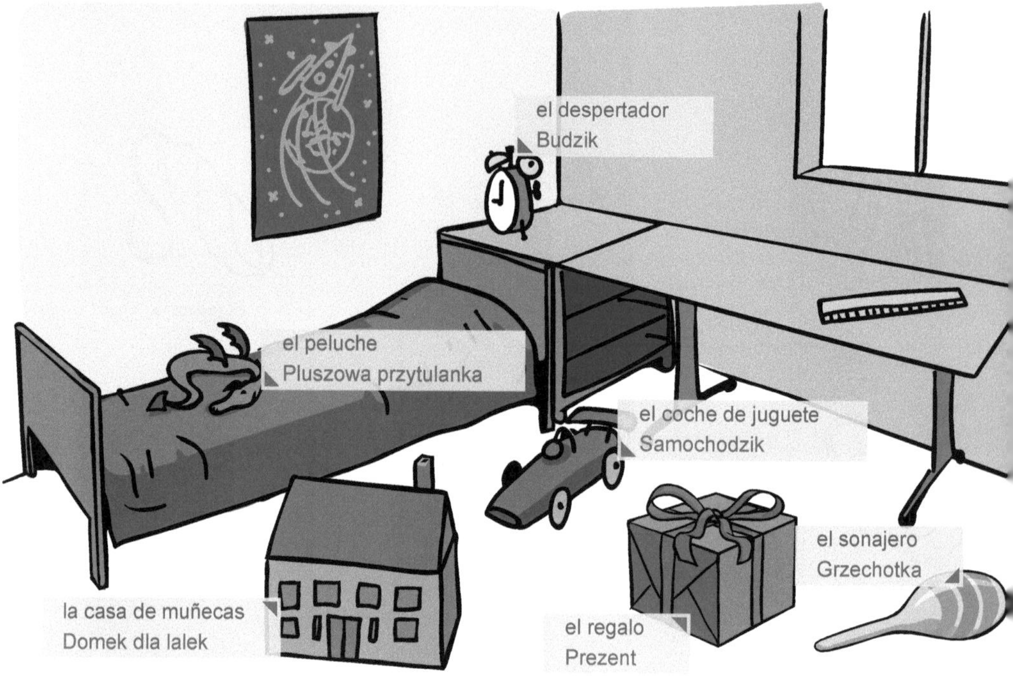
el despertador
Budzik
el peluche
Pluszowa przytulanka
el coche de juguete
Samochodzik
el sonajero
Grzechotka
la casa de muñecas
Domek dla lalek
el regalo
Prezent

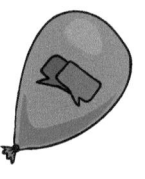

el globo

Balon

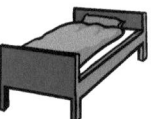

la cama

Łóżko

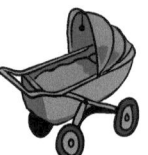

el coche de niño

Wózek dziecięcy

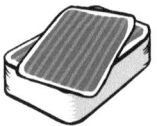

los naipes

Gra w karty

el puzle

Puzzle

SUPER
MEGA

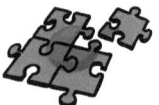

el tebeo

Komiks

las piezas de lego

Klocki lego

los bloques de juguete

Klocki

la figura de acción

Action figura

el bodi (de bebé)

Śpioszek dziecięcy

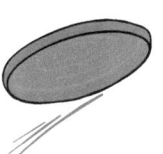

el frisbee

Frisbee

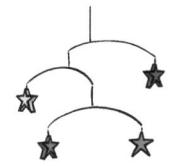

el colgador móvil para bebés

Zabawki ruchome

el juego de mesa

Gra planszowa

los dados

Kości

el circuito de tren eléctrico

Kolejka elektryczna

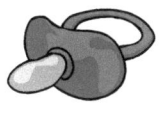

el maniquí

Smoczek

la fiesta

Przyjęcie

el álbum de fotos

Książka z ilustracjami

la pelota

Piłka

la muñeca

Lalka

jugar

bawić się

el cajón de arena

Piaskownica

el columpio

Huśtawka

los juguetes

Zabawki

la videoconsola

Konsola do gier

el triciclo

Rowerek trójkołowy

el oso de peluche

Pluszowy miś

la guardarropa

Szafa ubraniowa

la ropa
Ubiór

los calcetines

Skarpety

las medias

Pończochy

los leotardos

Rajstopy

la bufanda
Szal

el paraguas
Parasol

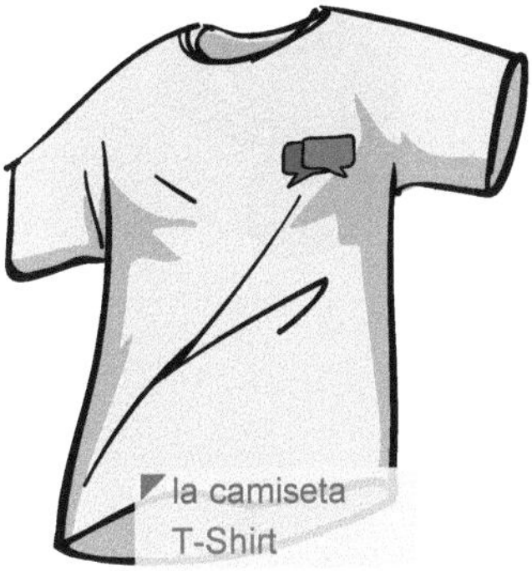

la camiseta
T-Shirt

el cinturón
Pasek

las botas
Kozaki

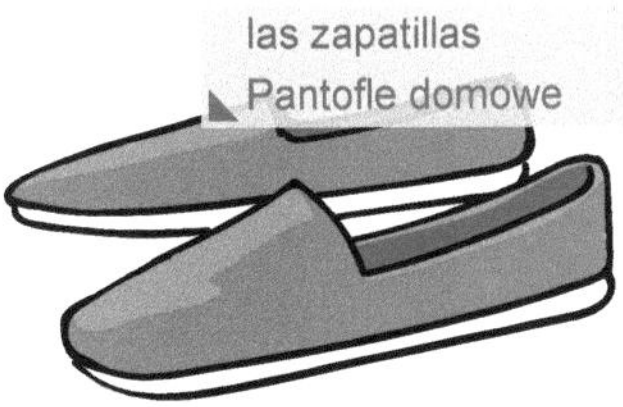

las zapatillas
Pantofle domowe

las deportivas
Obuwie sportowe

las sandalias
Sandały

los zapatos
Buty

las botas de goma
Kalosze

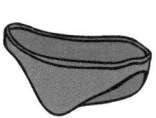
el slip
Majtki

el sostén
Biustonosz

el chaleco
Podkoszulek

la ropa - Ubiór

el bodi

Body

los pantalones cortos

Spodnie

los vaqueros

Dżins

la falda

Spódnica

la blusa

Bluzka

la camisa

Koszula

el jersey

Pulower

el suéter

Bluza sportowa

el blazer

Marynarka

la chaqueta

Kurtka

el abrigo

Płaszcz

la gabardina

Płaszcz przeciwdeszczowy

el traje

Kostium

el vestido

Sukienka

el vestido de novia

Suknia ślubna

el traje

Garnitur męski

el camisón

Koszula nocna

el pijama

Piżama

el sati

Sari

el bandana

Chusta na głowę

el turbante

Turban

la burka

Burka

el caftán

Kaftan

la abaya

Abaya

el traje de baño

Strój kąpielowy

el bañador

Kąpielówki

los pantalones cortos

Krótkie spodnie

el chándal

Dres sportowy

el delantal

Fartuch

los guantes

Rękawiczki

el botón

Guzik

las gafas

Okulary

el brazalete

Bransoletka

el collar

Łańcuszek

el anillo

Pierścionek

el pendiente

Kolczyk

la gorra

Czapka

la percha

Wieszak

el sombrero

Kapelusz

la corbata

Krawat

la cremallera

Zamek błyskawiczny

el casco

Kask

los tirantes

Szelki

el uniforme

Mundurek szkolny

el uniforme

Mundur

el babero
Śliniaczek

el maniquí
Smoczek

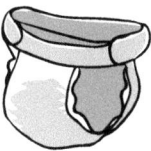

el pañal
Pieluszka

la oficina
Biuro

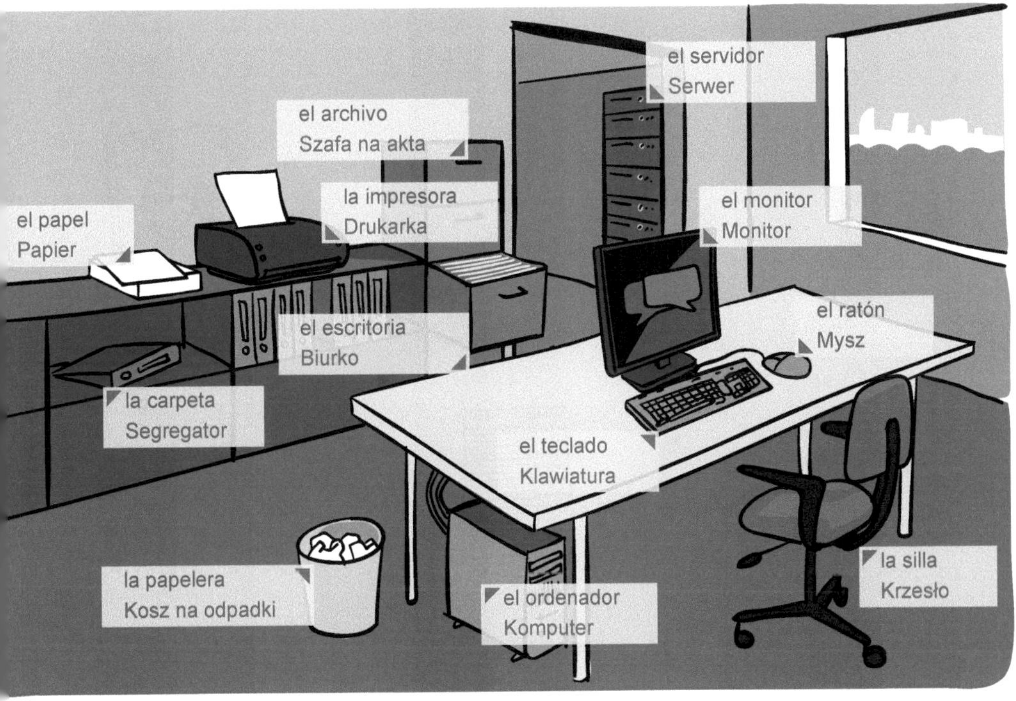

el servidor
Serwer

el archivo
Szafa na akta

la impresora
Drukarka

el monitor
Monitor

el papel
Papier

el escritoria
Biurko

el ratón
Mysz

la carpeta
Segregator

el teclado
Klawiatura

la papelera
Kosz na odpadki

el ordenador
Komputer

la silla
Krzesło

la taza de café
Filiżanka do kawy

la calculadora
Kalkulator

el internet
Internet

el portátil

Laptop

la carta

List

el mensaje

Wiadomość

el móvil

Komórka

la red

Sieć

la fotocopiadora

Kopiarka

el software

Oprogramowanie

el teléfono

Telefon

la toma de corriente

Gniazdko

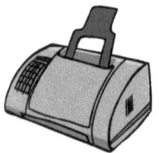

el fax

Faks

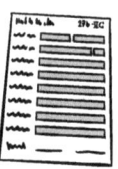

el formulario

Formularz

el documento

Dokument

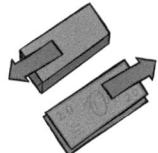

comprar
kupić

pagar
płacić

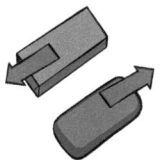

comerciar
postępować

el dinero
Pieniądze

el dólar
Dolar

el euro
Euro

el yen
Jen

el rublo
Rubel

el franco suizo
Frank

el renminbi yuan
Juan Renminbi

la rupia
Rupia

el cajero automático
Bankomat

la oficina de cambio de divisas

Kantor wymiany walut

el oro

Złoto

la plata

Srebro

el petróleo

Olej

la energía

Energia

el precio

Cena

el contrato

Umowa

el impuesto

Podatek

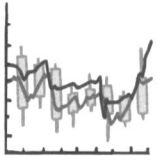

la acción

Akcja

trabajar

pracować

el empleador

Pracownik umysłowy

el empleador

Pracodawca

la fábrica

Fabryka

la tienda de campaña

Sklep

los oficios
Zawody

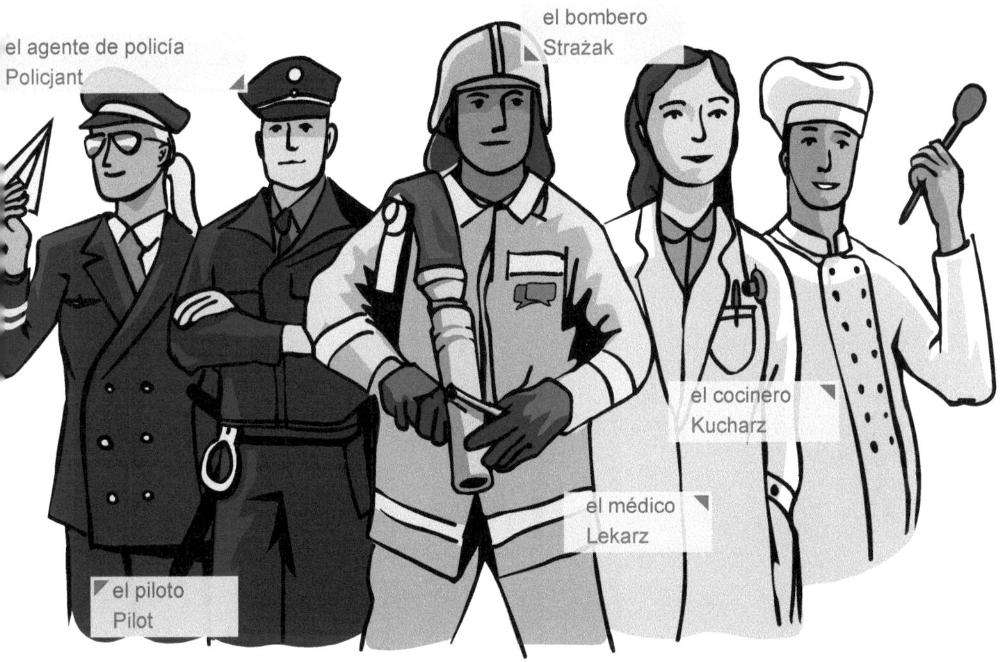
el agente de policía
Policjant
el bombero
Strażak
el cocinero
Kucharz
el médico
Lekarz
el piloto
Pilot

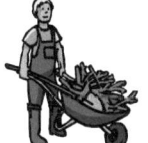

el jardinero

Ogrodnik

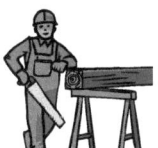

el carpintero

Stolarz

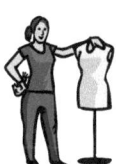

la costurera

Krawcowa

el juez

Sędzia

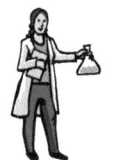

el farmacéutico

Chemik

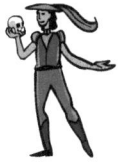

el actor

Aktor

el conductor de autobús

Kierowca autobusu

el taxista

Taksówkarz

el pescador

Fischer

la señora de la limpieza

Sprzątaczka

el techador

Dekarz

el camarero

Kelner

el cazador

Myśliwy

el pintor

Malarz

el panadero

Piekarz

el electricista

Elektryk

el obrero

Robotnik budowlany

el ingeniero

Inżynier

el carnicero

Rzeźnik

el fontanero

Instalator

el cartero

Listonosz

el soldado
Żołnierz

el arquitecto
Architekt

el cajero
Kasjer

el florista
Florysta

el peluquero
Fryzjer

el revisor
Konduktor

el mecánico
Mechanik

el capitán
Kapitan

el dentista
Dentysta

el científico
Naukowiec

el rabino
Rabin

el imán
Imam

el monje
Mnich

el sacerdote
Proboszcz

las herramientas
Narzędzia

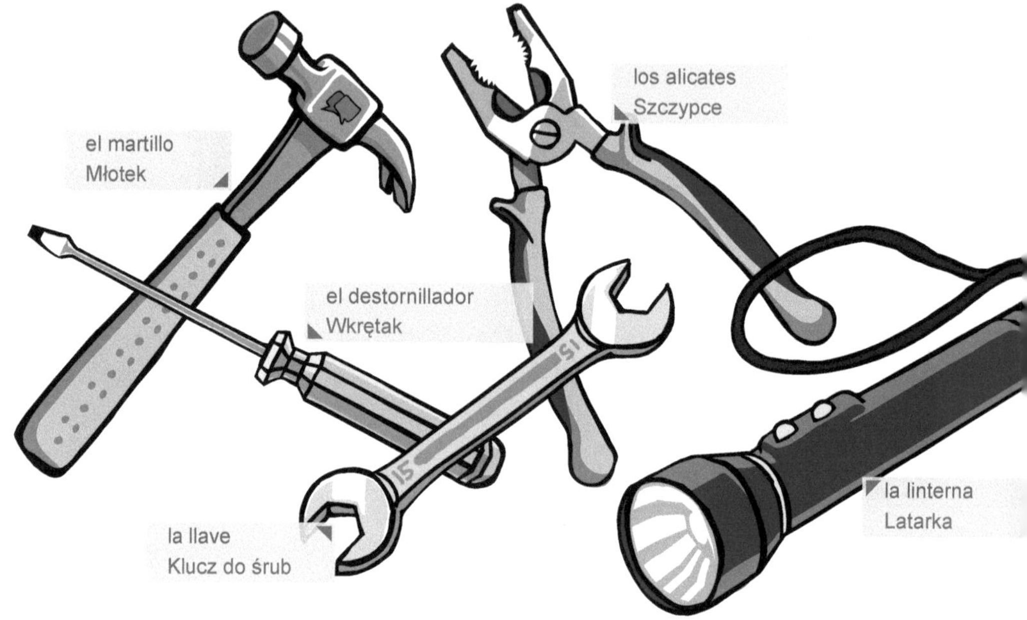
los alicates
Szczypce
el martillo
Młotek
el destornillador
Wkrętak
la linterna
Latarka
la llave
Klucz do śrub

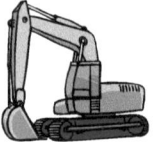

la excavadora
Koparka

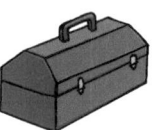

la caja de herramientas
Skrzynka narzędziowa

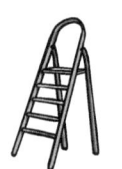

la escalera de mano
Drabina

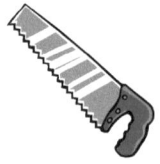

la sierra
Piła

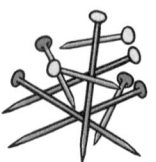

los clavos
Gwoździe

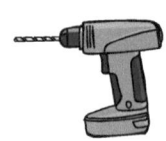

el taladro
Wiertło

reparar
naprawić

la pala
Łopatka

¡Maldita sea!
Cholera!

el recogedor
Szufelka

el bote de pintura
Puszka z farbą

los tornillos
Śruby

los instrumentos musicales
Instrumenty muzyczne

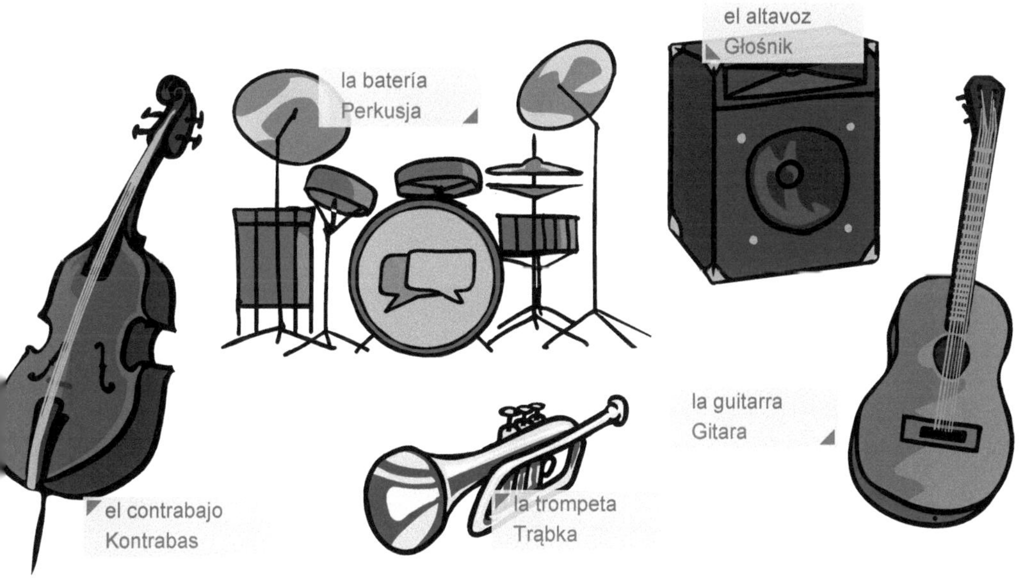

la batería
Perkusja

el altavoz
Głośnik

la guitarra
Gitara

el contrabajo
Kontrabas

la trompeta
Trąbka

el piano

Pianino

el violín

Skrzypce

bajo

Bas

los timbales

Kotły

el tambor

Bęben

el teclado

Keyboard

el saxofón

Saksofon

la flauta

Flet

el micrófono

Mikrofon

el zoo
Zoo

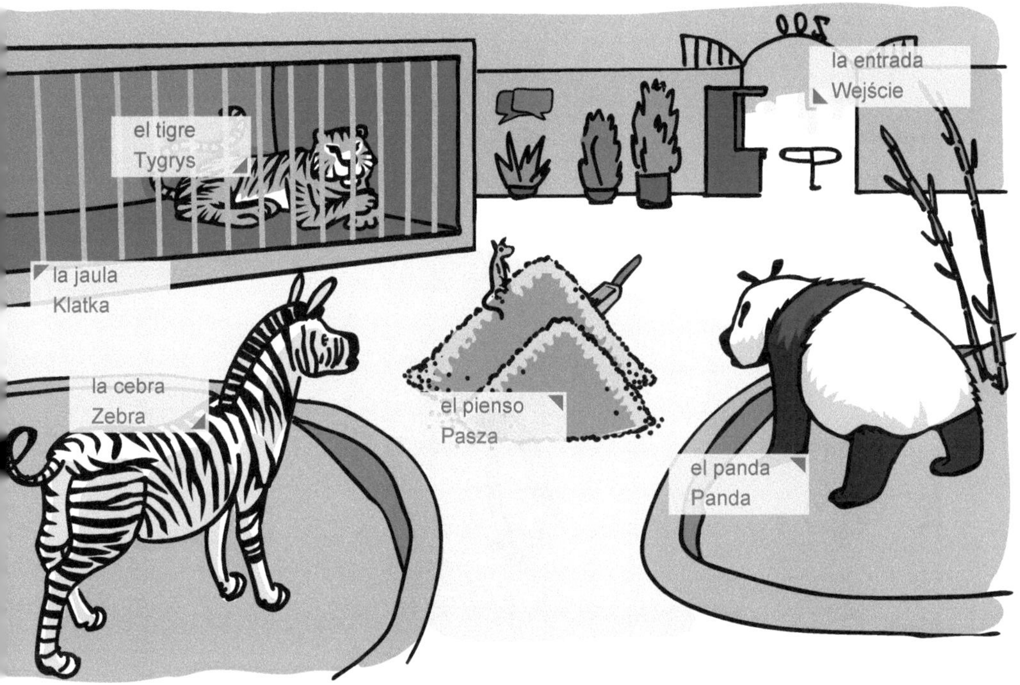

la entrada
Wejście
el tigre
Tygrys
la jaula
Klatka
la cebra
Zebra
el pienso
Pasza
el panda
Panda

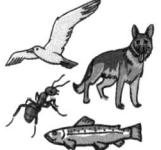

los animales

Zwierzęta

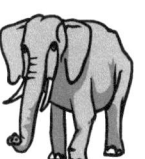

el elefante

Słoń

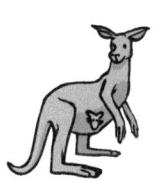

el canguro

Kangur

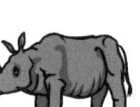

el rinoceronte

Nosorożec

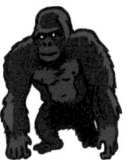

el gorila

Goryl

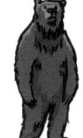

el oso

Niedźwiedź

el camello

Wielbłąd

el avestruz

Struś

el león

Lew

el mono

Małpa

el flamingo

Fleming

el loro

Papuga

el oso polar

Niedźwiedź polarny

el pingüino

Pingwin

el tiburón

Rekin

el pavo real

Paw

la serpiente

Wąż

el cocodrilo

Krokodyl

el guardián de zoológico

Dozorca w zoo

la foca

Foka

el jaguar

Jaguar

el poni

Kucyk

el leopardo

Gepard

el hipopótamo

Hipopotam

la jirafa

Żyrafa

el águila

Orzeł

el jabalí

Dzik

el pescado

Ryba

la tortuga

Żółw

la morsa

Mors

el zorro

Lis

la gacela

Gazela

el fútbol americano
Futbol amerykański

el ciclismo
Kolarstwo

el tenis
Tenis

el baloncesto
Koszykówka

la natación
Pływanie

el boxeo
Boks

el hockey sobre hielo
Hokej na lodzie

el fútbol

Piłka nożna

el bádminton

Badminton

el atletismo

Lekka atletyka

el balonmano

Piłka ręczna

el esquí

Narciarstwo

el polo

Polo

reír
śmiać się

saltar
skakać

abrazar
objąć

cantar
śpiewać

caminar
iść

soñar
marzyć

rezar
modlić się

besar
całować

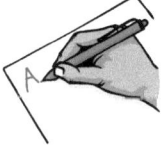

escribir
pisać

dibujar
rysować

mostrar
pokazywać

empujar
nacisnąć

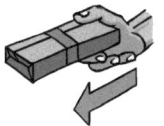

dar
dać

tomar
wziąć

tener

mieć

hacer

robić

ser

być

estar de pie

stać

correr

biegać

tirar

ciągnąć

tirar

rzucać

caer

spaść

yacer

leżeć

esperar

czekać

llevar

nosić

estar sentado

siedzieć

vestirse

zakładać

dormir

spać

despertar

budzić się

mirar

spojrzeć

llorar

płakać

acariciar

głaskać

peinar

czesać się

hablar

mówić

entender

rozumieć

preguntar

pytać

escuchar

słyszeć

beber

pić

comer

jeść

ordenar

sprzątać

amar

kochać

cocinar

gotować

conducir

jechać

volar

latać

navegar

żeglować

calcular

liczyć

leer

czytać

aprender

uczyć się

trabajar

pracować

casarse

wejść w związek małżeński

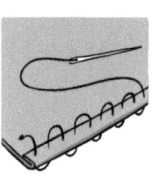

coser

szyć

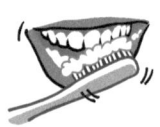

cepillarse los dientes

myć zęby

matar

zabić

fumar

palić tytoń

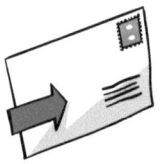

enviar

wysłać

la familia
Rodzina

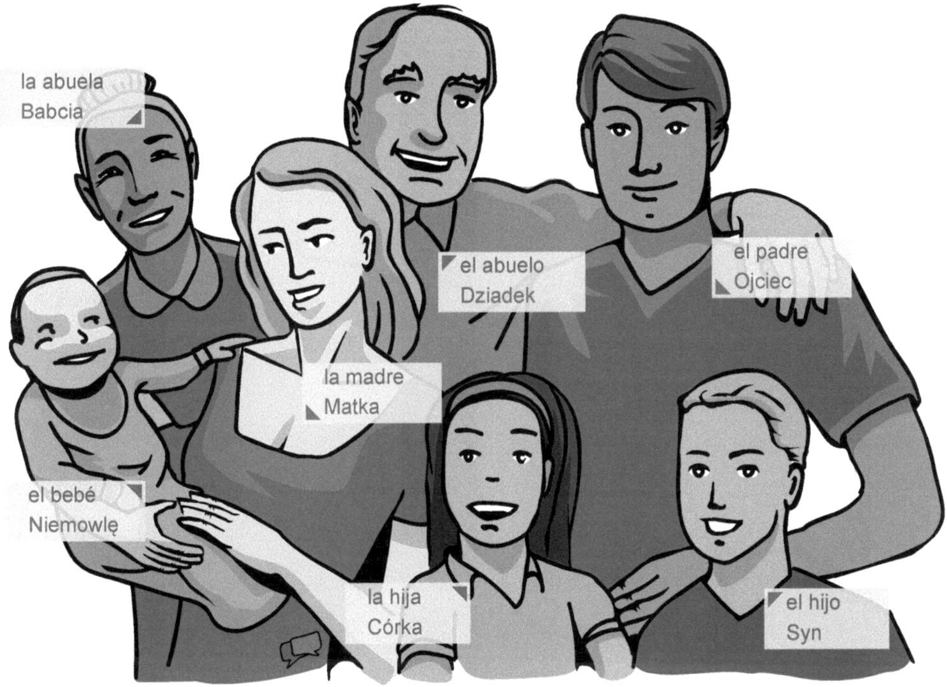

la abuela
Babcia
el abuelo
Dziadek
el padre
Ojciec
la madre
Matka
el bebé
Niemowlę
la hija
Córka
el hijo
Syn

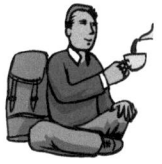

el invitado

Gość

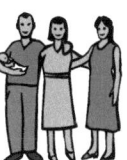

la tía

Ciotka

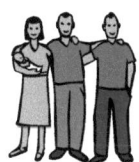

el tío

Wujek

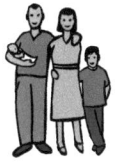

el hermano

Brat

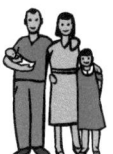

la hermana

Siostra

el cuerpo
Ciało

la frente
Czoło
el ojo
Oko
el hombro
Ramię
el dedo
Palec
la cara
Twarz
la barbilla
Broda
la mano
Ręka
la pierna
Noga
el pecho
Pierś
el brazo
Ramię

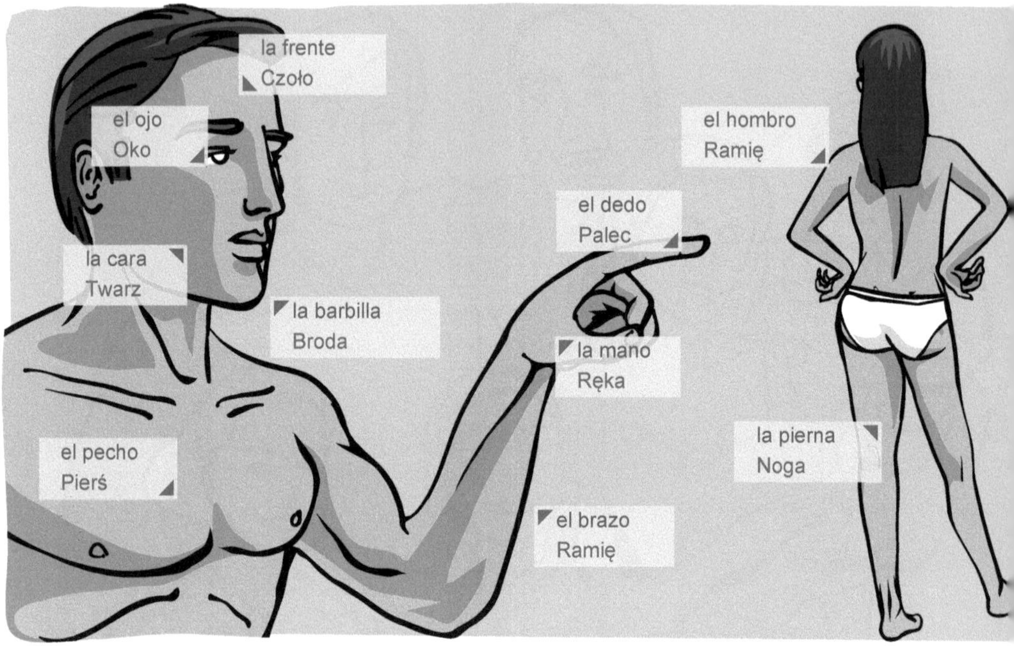

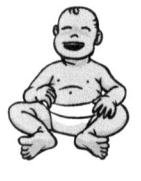

el bebé
Niemowlę

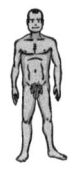

el hombre
Mężczyzna

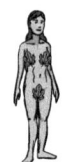

la mujer
Kobieta

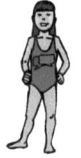

la chica
Dziewczyna

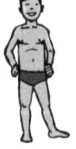

el chico
Chłopiec

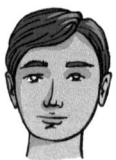

la cabeza
Głowa

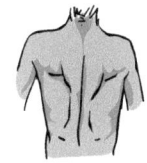

la espalda

Plecy

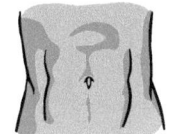

el vientre

Brzuch

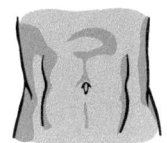

el ombligo

Pępek

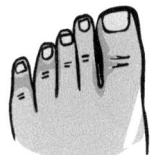

el dedo del pie

palec nogi

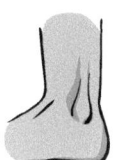

el talón

Pięta

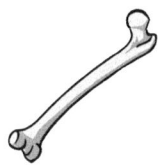

el hueso

Kość

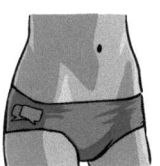

la cadera

Biodro

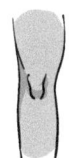

la rodilla

Kolano

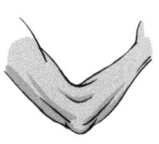

el codo

Łokieć

la nariz

Nos

el trasero

Pośladki

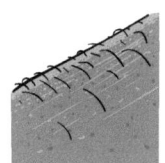

la piel

Skóra

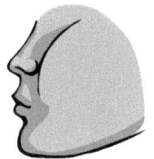

la mejilla

Policzek

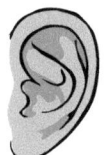

el oído

Uszy

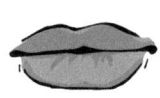

el labio

Warga

la boca

Usta

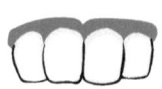

el diente

Ząb

la lengua

Język

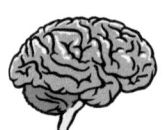

el cerebro

Mózg

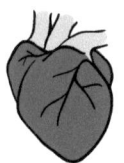

el corazón

Serce

el músculo

Mięsień

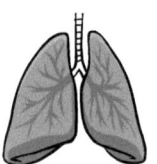

el pulmón

Płuca

el hígado

Wątroba

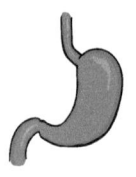

el estómago

Żołądek

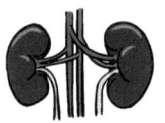

los riñones

Nerki

el sexo

Stosunek płciowy

el condón

Kondom

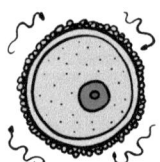

el ovario

Komórka jajowa

el semen

Sperma

el embarazo

Ciąża

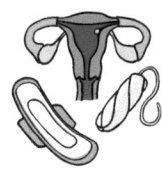

la menstruación

Menstruacja

la vagina

Wagina

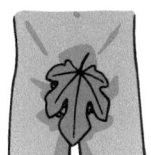

el pene

Penis

la ceja

Brew

el pelo

Włosy

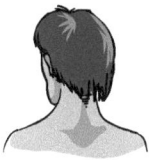

el cuello

Szyja

el hospital
Szpital

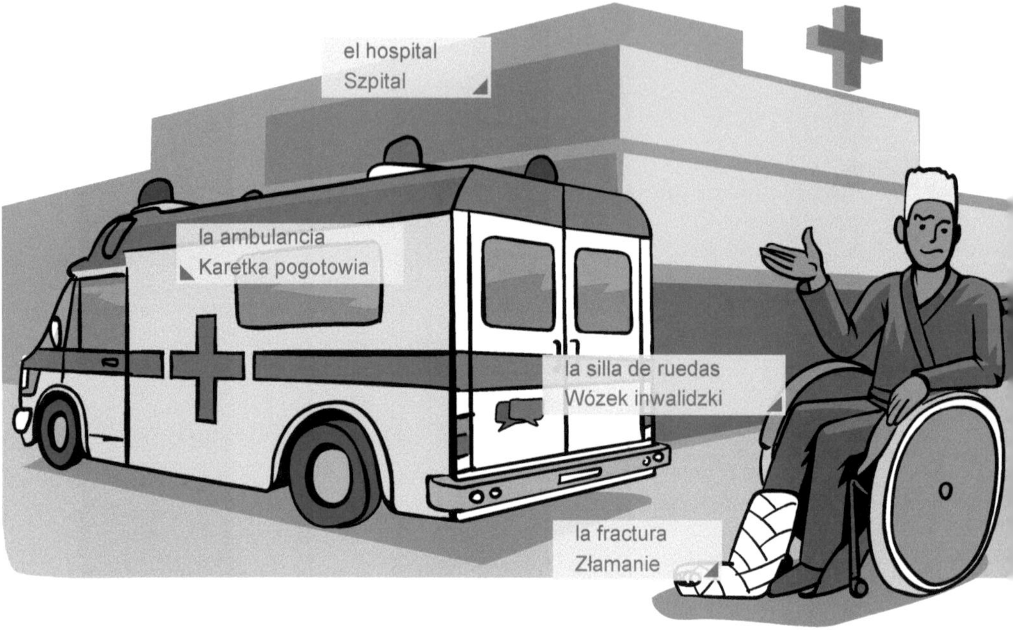

el hospital
Szpital
la ambulancia
Karetka pogotowia
la silla de ruedas
Wózek inwalidzki
la fractura
Złamanie

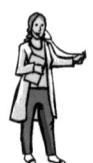

el médico

Lekarz

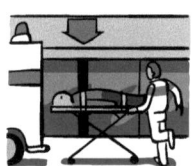

la sala de urgencias

Izba przyjęć

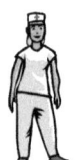

la enfermera

Pielęgniarka

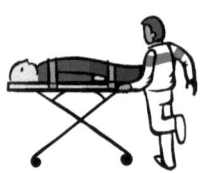

la urgencia

Nagły przypadek

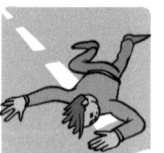

inconsciente

nieprzytomny

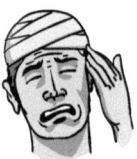

el dolor

Ból

la lesión

Skaleczenie

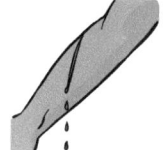

la hemorragia

Krwawienie

el infarto

Zawał serca

el ictus

Udar mózgu

la alergia

Alergia

la tos

Kaszleć

la fiebre

Gorączka

la gripe

Grypa

la diarrea

Biegunka

el dolor de cabeza

Ból głowy

el cáncer

Rak

la diabetes

Cukrzyca

el cirujano

Chirurg

el bisturí

Skalpel

la operación

Operacja

TAC

CT

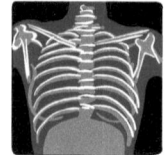

los rayos x

Rentgen

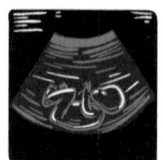

el ultrasonido

Ultradźwięki

la mascarilla

Maska

la enfermedad

Choroba

la sala de espera

Poczekalnia

la muleta

Kula

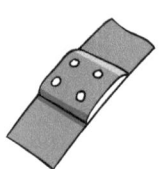

la tirita

Plaster

la venda

Opatrunek

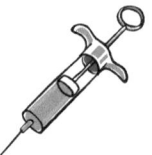

la inyección

Iniekcja

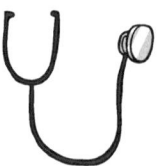

el estetoscopio

Stetoskop

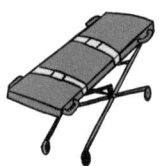

la camilla

Nosze

el termómetro

Termometr

el nacimiento

Poród

el sobrepeso

Nadwaga

el audífono

Aparat słuchowy

el desinfectante

Środek dezynfekcyjny

la infección

Infekcja

el virus

Wirus

VIH / SIDA

HIV / AIDS

la medicina

Medycyna

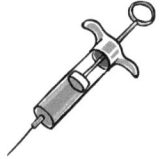

la vacunación

Szczepienie

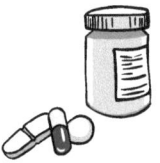

las tabletas

Tabletki

la pastilla

Pigułka

la llamada de urgencia

Telefon ratunkowy

el tensiómetro

Ciśnieniomierz krwi

enfermo / sano

chory / zdrowy

¡Socorro!

Pomocy!

la alarma

Alarm

el asalto

Napad

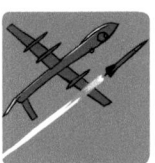

el ataque

Atak

el peligro

Niebezpieczeństwo

la salida de emergencia

Wyjście awaryjne

¡Fuego!

Pożar!

el extintor de incendios

Gaśnica

el accidente

Wypadek

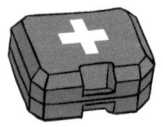

el botiquín de primeros
auxilios

Walizeczka pierwszej
pomocy

SOS

SOS

la policía

Policja

Europa

Europa

Norteamérica

Ameryka Północna

Sudamérica

Ameryka Południowa

África

Afryka

Asia

Azja

Australia

Australia

el atlántico

Atlantyk

el Pacífico

Pacyfik

el Océano Índico

Ocean Indyjski

el Océano Antártico

Ocean Antarktyczny

el Océano Ártico

Ocean Arktyczny

el polo norte

Biegun północny

el polo sur

Biegun południowy

La Antártida

Antarktyda

la tierra

Ziemia

la tierra

Kraj

el mar

Morze

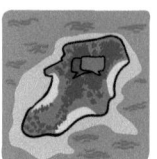

la isla

Wyspa

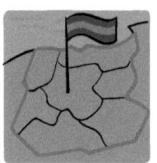

la nación

Naród

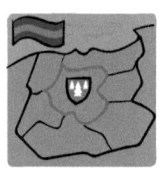

el estado

Państwo

la esfera

Cyferblat

la manecilla de las horas

Wskazówka godzinowa

el minutero

Wskazówka minutowa

el segundero

Wskazówka sekundowa

¿Qué hora es?

Która godzina?

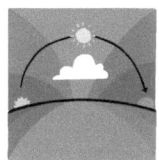

el día

Dzień

el tiempo

Czas

ahora

teraz

el reloj digital

Zegarek digitalny

el minuto

Minuta

la hora

Godzina

la semana

Tydzień

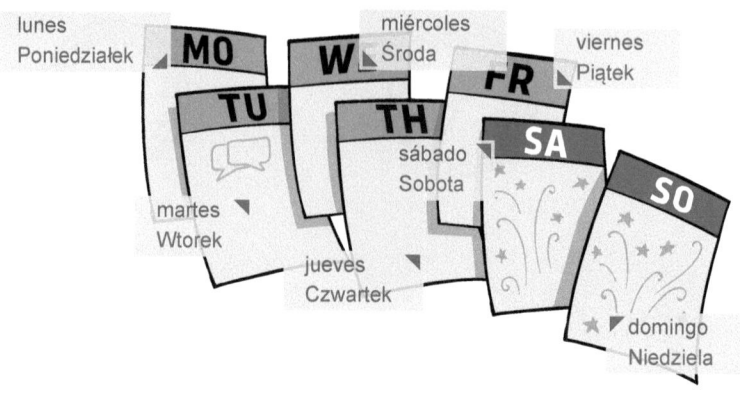

lunes
Poniedziałek

miércoles
Środa

viernes
Piątek

martes
Wtorek

sábado
Sobota

jueves
Czwartek

domingo
Niedziela

ayer

wczoraj

hoy

dzisiaj

mañana

jutro

la mañana

Rano

el mediodía

Południe

la tarde

Wieczór

MO	TU	WE	TH	FR	SA	SU
1	2	3	4	5	6	7
8	9	10	11	12	13	14
15	16	17	18	19	20	21
22	23	24	25	26	27	28
29	30	31	1	2	3	4

los días laborables

Dni robocze

MO	TU	WE	TH	FR	SA	SU
1	2	3	4	5	6	7
8	9	10	11	12	13	14
15	16	17	18	19	20	21
22	23	24	25	26	27	28
29	30	31	1	2	3	4

el fin de semana

Weekend

el año
Rok

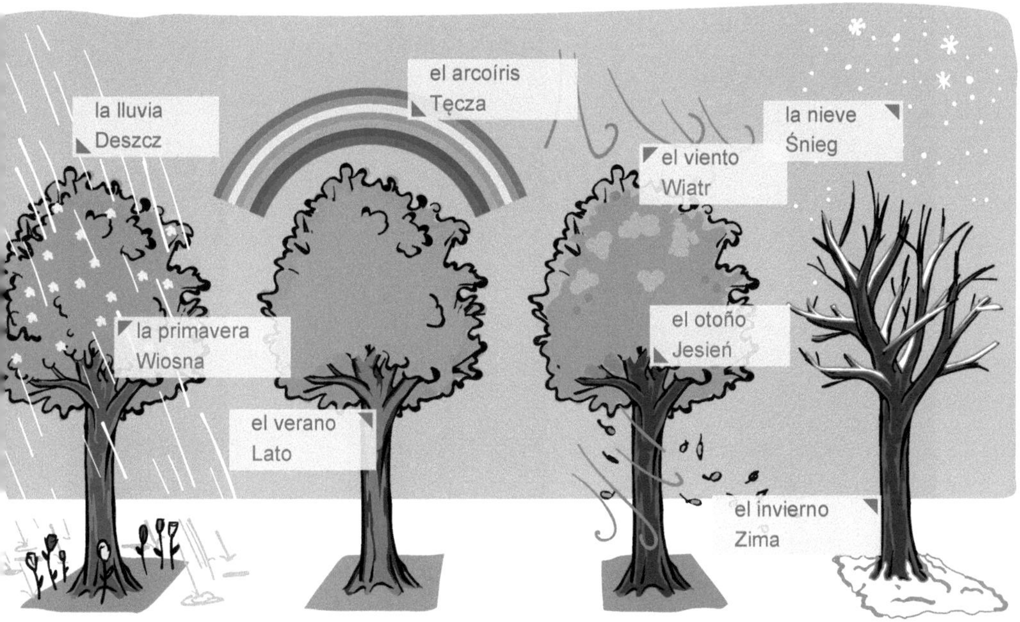

la lluvia
Deszcz
el arcoíris
Tęcza
la nieve
Śnieg
el viento
Wiatr
la primavera
Wiosna
el otoño
Jesień
el verano
Lato
el invierno
Zima

4.APRIL 11°
5.APRIL 4°
6.APRIL 13°
7.APRIL 8°
8.APRIL 10°

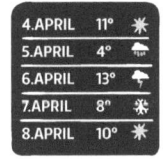

el pronóstico del tiempo

Prognoza pogody

F
C

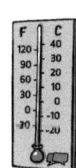

el termómetro

Termometr

el sol

Światło słoneczne

la nube

Chmura

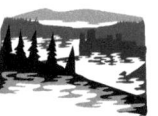

la niebla

Mgła

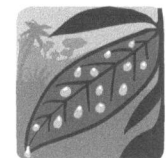

la humedad

Wilgotność powietrza

el rayo

Błyskawica

el trueno

Grzmot

la tormenta

Sztorm

el granizo

Grad

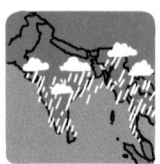

el monzón

Monsun

la inundación

Potop

el hielo

Lód

enero

Styczeń

febrero

Luty

marzo

Marzec

abril

Kwiecień

mayo

Maj

junio

Czerwiec

julio

Lipiec

agosto

Sierpień

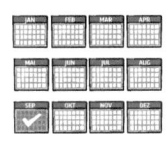

septiembre

Wrzesień

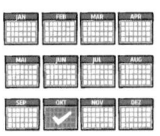

octubre

Październik

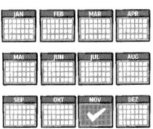

noviembre

Listopad

diciembre

Grudzień

las formas
Kształty

el círculo

Koło

el cuadrado

Kwadrat

el rectángulo

Prostokąt

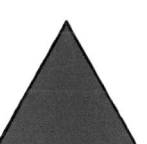

el triángulo

Trójkąt

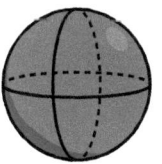

la esfera

Kula

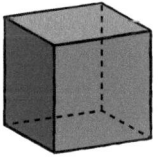

el cubo

Sześcian

blanco
....
biały

amarillo
....
żółty

anaranjado
....
pomarańczowy

rosa
....
różowy

rojo
....
czerwony

morado
....
liliowy

azul
....
niebieski

verde
....
zielony

marrón
....
brązowy

gris
....
szary

negro
....
czarny

mucho / poco

dużo / mało

enojado / tranquilo

wściekły / spokojny

bonito / feo

piękny / brzydki

principio / fin

początek / koniec

grande / pequeño

duży / mały

claro / oscuro

jasny / ciemny

el hermano / la hermana

brat / siostra

limpio / sucio

czysty / brudny

completo / incompleto

kompletny / niekompletny

el día / la noche

dzień / noc

muerto / vivo

umarły / żywy

ancho / estrecho

szeroki / wąski

comestible / no comestible

jadalny / niejadalny

malo / amable

zły / uprzejmy

entusiasmado / aburrido

podniecony / znudzony

gordo / delgado

gruby / chudy

primero / último

najpierw / na końcu

el amigo / el enemigo

przyjaciel / wróg

lleno / vacío

pełen / pusty

duro / blando

twardy / miękki

pesado / ligero

ciężki / lekki

el hambre / la sed

głód / pragnienie

enfermo / sano

chory / zdrowy

ilegal / legal

nielegalny / legalny

inteligente / tonto

inteligentny / głupi

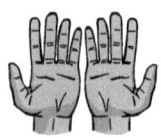

izquierda / derecha

lewo / prawo

cerca / lejos

bliski / daleki

los opuestos - Przeciwieństwa

nuevo / usado

nowy / używany

nada / algo

nic / coś

viejo / joven

stary / młody

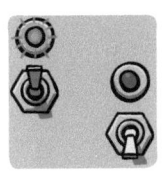

encendido / apagado

włącz / wyłącz

abierto / cerrado

otwarty / zamknięty

silencioso / ruidoso

cichy / głośny

rico / pobre

bogaty / biedny

correcto / incorrecto

prawidłowy / błędny

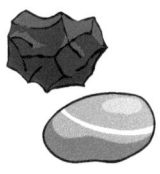

áspero / suave

chropowaty / gładki

triste / contento

smutny / szczęśliwy

corto / largo

krótki / długi

lento / rápido

powolny / szybki

húmedo / seco

mokry/suchy

cálido / frío

ciepły / chłodny

guerra / paz

wojna / pokój

los números

Liczby

0

cero
....
zero

1

uno
....
jeden

2

dos
....
dwa

3

tres
....
trzy

4

cuatro
....
cztery

5

cinco
....
pięć

6

seis
....
sześć

7

siete
....
siedem

8

ocho
....
osiem

9

nueve
....
dziewięć

10

diez
....
dziesięć

11

once
....
jedenaście

12

doce
....
dwanaście

13

trece
....
trzynaście

14

catorce
....
czternaście

15

quince
....
piętnaście

16

dieciséis
....
szesnaście

17

diecisiete
....
siedemnaście

18

dieciocho
....
osiemnaście

19

diecinueve
....
dziewiętnaście

20

veinte
....
dwadzieścia

100

cien
....
sto

1.000

mil
....
tysiąc

1.000.000

el millón
....
milion

el inglés

Angielski

el inglés americano

Angielski amerykański

el chino madarín

Chiński mandaryński

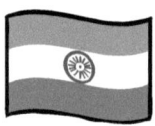

el hindi

Hindi

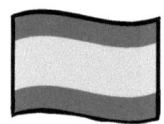

el español

Hiszpański

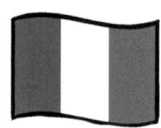

el francés

Francuski

el árabe

Arabski

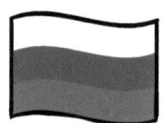

el ruso

Rosyjski

el portugués

Portugalski

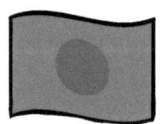

el bengalí

Bengalski

el alemán

Niemiecki

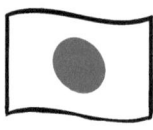

el japonés

Japoński

yo

ja

tú

ty

él / ella / ello

on / ona / ono

nosotros/as

my

vosotros/as

wy

ellos/as

oni

¿quién?

kto?

¿qué?

co?

¿cómo?

jak?

¿dónde?

gdzie?

¿cuándo?

kiedy?

el nombre

Nazwisko

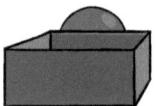

detrás

za

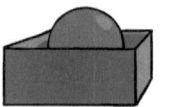

en

w

delante de

przed

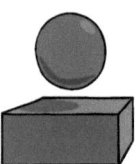

por encima de

powyżej

sobre

na

debajo de

pod

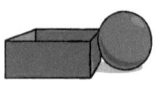

junto a

obok

entre

między

el lugar

Miejsce